Vom Wesen und
Schicksal
der Menschen im Sternbild

Skorpion

von
Traude Walek-Doby

Pinguin-Verlag, Innsbruck
Umschau-Verlag, Frankfurt/Main

Inhalt

Skorpion

Geboren zwischen dem 23. Oktober und dem
21. November

Wenn man einem Menschen begegnet, der einem mit dem Blick fixiert, als ob man auf der Stelle festgenagelt werden sollte, liegt der Verdacht nahe, es könnte ein Skorpion sein. Der Blick ist erst der Anfang – wenn immer möglich, spießt einem der Skorpion das ganze Wesen auf ...

Den Skorpion-Menschen eilt ein beängstigender Ruf voraus, der von »Schrecken des Kinderzimmers« bis zu »Sexbesessener« reicht. Es gibt Leute, die sich heimlich bekreuzigen, wenn ein Skorpion auf der Bildfläche erscheint. Skorpione haben eine dämonische Ausstrahlung – mancher merkt es gleich, mancher bekommt es später zu merken.

Leidenschaft, Vitalität, Kampfgeist, Eigensinn, Erkenntnisdrang, Treue, aber auch Rücksichtslosigkeit, Herrschsucht, Mißtrauen und Grausamkeit finden sich in einer Skorpionseele zusammen. Sie sind Grübler, Mystiker und Zweifler. Pluto – der Planet mit den weiterführenden Eigenschaften des Mars – beherrscht den Skorpion; aber wenn man sich manchen Skorpion anschaut, fragt man sich, ob nicht der Skorpion den Pluto beherrscht.

Sein Element ist das Wasser, das einen gefühlsbetonten Zug in den Charakter bringt. Das Temperament neigt dem Phlegma zu, aber bei der Zwiespältigkeit der Skorpion-Natur kommt ein gut Teil grübelnde Melancholie und viel cholerisch brodelnde Energie dazu. Ein sanguinischer Skorpion wird bestimmt selten gesichtet – und wenn, hat er sein sonniges Gemüt sicher vom Aszendenten.

Den Skorpion versteht man auf Anhieb oder gar nicht. Ihn langsam zu durchschauen, gelingt so gut wie nie. Aber er durchschaut einem mit Röntgenblick. Sein psychologisches Einfühlungsvermögen ist enorm. Sehr oft verläßt er sich fest darauf – nur selten zu Unrecht. Wenn er wirklich einmal nicht recht hat, suggeriert er seinem Opfer seine Erkenntnisse – und dann hat er doch wieder recht. Willensschwache Menschen geben manchmal alles zu, was der Skorpion in sie hineinsieht, teils um ihre Ruhe zu haben (denn bevor er nicht letzte Erkenntnisse geschöpft hat, gibt er keine Ruhe), teils weil sie es zum Schluß selber glauben.

Skorpion-Menschen sind ehrlich in den Worten, aber hinterhältig in der Taktik. Wer sie um ihre Meinung befragt, bekommt sie schonungslos zu hören. Wer die Wahrheit nicht verträgt, stellt einem Skorpion besser keine Fragen. Er sagt zwar mit entwaffnender Direktheit seine Meinung – aber offen ist er deshalb nicht. Kein Mensch, nicht einmal er selbst, sieht bis an das dunkle Ende seiner Seele. Wahrscheinlich sind seine trockenen Feststellungen manchmal saftige Frechheiten. Jedenfalls aber sind es keine zufälligen Taktlosigkeiten, sondern wenn schon, dann gezielte Beleidigungen.

Das große psychologische Einfühlungsvermögen des Skorpions bezieht sich weniger darauf, daß er sich darüber Gedanken macht, wie seine Worte auf den anderen wirken könnten, als vielmehr darauf, wie er sein Gegenüber möglichst genau und richtig einschätzen kann, um die gewünschten Reaktionen zu erhalten. Mit anderen Worten: Er möchte manipulieren.

Das ist nun aber beim Skorpion nicht unbedingt negativ zu werten. Er manipuliert einen Menschen oft zu dessen eigenem Besten und nicht nur zu des Skorpions Vorteil. Leider merkt man erst hinterher, was diesmal seine Absicht war.

Die fehlende Skorpion-Offenheit ebenfalls mit versteckter Taktik zu quittieren, ist ein Kardinalfehler, der ins Auge geht. »In mich brauchst du nichts hineinzusehen – ich sage dir gleich selber, was ich meine. Mich brauchst du auch nicht zu manipulieren – ich tue von mir aus, was richtig ist« – wer fest bei dieser Linie bleibt, wird den

Skorpion zwar ärgern, aber er wird ihm auch den nötigen Respekt abverlangen.

Bei seinem ausgeprägten Sinn für Eigentum ist es kein Wunder, daß dem Skorpion-Menschen sein eigenes Heim sehr wichtig ist. Hier wünscht er unumschränkt zu wirken und zu herrschen, hier ist sein Territorium, auf dem ihm mit Fug und Recht niemand in die Quere kommen darf. Hier fühlt er sich am sichersten, und hier gibt er sich am offensten. Es ist immer klug, einem Skorpion den Heimvorteil zu lassen, das weckt am ehesten seinen Großmut. In seinem Heim kann er sogar »ohne Grund« liebenswürdig werden.

Eine Mischung aus leidenschaftlichen Gefühlen und eiskaltem Verstand macht den typischen Skorpion aus. Zeitlebens versucht er herauszufinden, ob er ein Idealist oder ein Materialist ist – er ist beides. Oft weiß er selber nicht, was ihn gerade mehr bewegt, sein Hang zum Idealismus oder der zum Materialismus. Die ideale Mischung, daß er von dem gefühlsmäßig angesprochen wird, was ihm finanziellen Vorteil bringt, ist ja selten genug. Solange er sich aber über die ideellen Werte nicht im klaren ist, hält er sich mit Vorliebe an die sicheren materiellen Dinge. Wenn ihm dieser Schritt über sich selbst hinaus nicht gelingt, entwickelt er ein ausgesprochenes Talent zum Geiz. Er wird sich und anderen nichts gönnen, spartanisch leben und von seiner Familie spartanische Einfachheit verlangen, seinen Besitz und sein Bankkonto häufen. Dann wird seine Lieblingslektüre das Sparbuch, und sein Lieblingsspielzeug werden knisternde Geldscheine.

Ein gefühlsmäßig unerschlossener Skorpion sitzt wie eine Henne brütend auf dem Geld und tyrannisiert die ganze Umgebung mit seinem Geiz. Hat er aber einmal ein Ziel als richtig erkannt, hat er zu Menschen Vertrauen gefaßt, werden sich seine besitzergreifenden Krallen über den Goldstücken lockern, und er gibt mit einer Großzügigkeit, die wahrhaft selbstlos ist.

Der Skorpion-Mensch ist intensiv. In allem, was er denkt, fühlt, tut – nichts Beiläufiges, Leichtfertiges, Ungefähres steckt dahinter – es ist immer intensiv. Intensiv gut – intensiv böse; ein Mensch mit den Möglichkeiten eines Genies und eines Verbrechers. Da mag es etwas verwunderlich erscheinen, daß der durchschnittliche Skorpion-Mensch trotzdem über ein gerüttelt Maß an Phlegma verfügt. Solange sich nichts »Spezielles« tut, bleibt er gelassen und gemütlich. Er steckt seinen Kopf in den Sand und hält sich alle Erkenntnisse vom Leib. Aber wehe, wenn er etwas erkennt . . .!

Sein großer Mut reicht nicht nur für sich, sondern auch noch für andere aus. Ihm mit etwas zu drohen, was man nicht wirklich ernst meint, will gut überlegt sein, denn er hat den Mut zu sagen:

· MARS ·

Mars steht für Kampf und Auseinandersetzung, jedoch zum Zweck der immer neuen Anregungen und Entscheidungen. Er steuert die Gemütsbewegungen und wirkt in seinem eigenen Zeichen, dem Widder, am stärksten.

»Tu's doch!« und dann interessiert und eiskalt der Verwirklichung zuzusehen.

Sich mit einem Skorpion in ein Kräftemessen einzulassen, ist sehr unklug, denn wer ihm als Gegner gegenübertritt, der wird unter Umständen hemmungslos »vernichtet«. Sich seiner Großherzigkeit zu überlassen ist wesentlich klüger, wenn man nicht absolut sicher der Stärkere ist.

Ein Skorpion kann ebenso intensiv hassen, wie er intensiv lieben kann. Mit »ein bißchen Haß« und »ein bißchen Liebe« ist er nicht zufrieden. Lauwarme Naturen sind für ihn verächtliche Geschöpfe, oft gerade recht, sie zu quälen. Zumindestens die Anlage zum Sadismus bringt ein Skorpion mit. Aber wie er anderen konsequent »nein« sagen kann, kann er auch sich selbst konsequent »nein« sagen, wenn er einmal zu einer höheren Erkenntnis gelangt ist. Man muß ihm unbedingt schon möglichst früh klarmachen, daß Rachsucht, Grausamkeit und Sadismus niedere Eigenschaften sind und eines edlen Charakters unwürdig. Nur ganz negative Typen wird das nicht beeindrucken, denn normalerweise ist der Skorpion ein Typ Mensch, der zum Licht drängt, zur Wärme, zur höheren Erkenntnis.

Es gibt Skorpione, die das größte Vergnügen dran finden, Unmögliches doch noch zu erzwingen. (Ihr Verzögern und Hinausschieben der Dinge bis zum »Gehtnichtmehr« ist manchmal ein Ausdruck dafür, weil sie es dann, wenn es eigentlich zu spät ist, doch noch erzwingen wollen.) Sie können kein »Nein« akzeptieren, nur ihr eigenes. Es ist tödlich, sich mit einem solchen Menschen in einen Machtkampf einzulassen. Man kann nur versuchen, ihm eine Alternative anzubieten – lehnt er sie ebenfalls ab, macht man am besten auf dem Absatz kehrt. Selbst wenn es einem das Herz umdreht: Besser ein Ende mit Schrecken, als ein Schrecken ohne Ende.

Im Auftreten ist der Skorpion-Mensch betont beherrscht. Jede Reaktion scheint er als Zurschaustellung einer Schwäche anzusehen, und Schwäche ist das letzte, was er zuzugeben gedenkt – er meint ja sehr oft, daß er gar keine hat. Er lüftet nicht das Visier zu seinem Inneren, er zeigt möglichst wenig Gesichtsausdruck, ist sparsam in den Bewegungen, spricht möglichst gleichförmig. Er zappelt nicht herum, ist nicht nervös und fahrig, stolziert nicht wie ein eitler Pfau durch die Gegend. Spontanität kommt bei ihm schwer auf, er verzögert alle seine Reaktionen und beherrscht mit seiner Beherrschung seine Umgebung. Skorpion-Menschen mögen ihre eigene Undurchdringlichkeit zu sehr, als daß sie allzubald ihrem Jähzorn nachgeben. So bleibt er vielleicht längere Zeit unentdeckt – aber bestimmt nicht, sobald er einmal durchbricht. Dann fliegen die Fetzen, ohne Rücksicht auf Verluste! Nicht zu vergessen:

Dieser Mensch hat das Gedächtnis eines Elefanten. Die zuerst gar nicht erfolgten Reaktionen können zu einem völlig unvorhersehbaren Zeitpunkt mit größter Heftigkeit erfolgen. Noch Jahre später kann er Selbstlosigkeit mit atemberaubender Großzügigkeit, Rücksichtslosigkeit mit ebensolcher Kleinlichkeit vergelten. Skorpione tragen nach – wenn's sein muß, bis ans Ende der Welt. Daher ist es gut, sich vorher zu überlegen, was man einem Skorpion »antut«. Von Natur aus treten viele Skorpion-Menschen eher etwas linkisch auf. Sie müssen gezielt üben, um geschmeidig und gewandt zu wirken, und manche von ihnen tun das auch, weil sie erkannt haben: »Wer eindrucksvoll auftritt, wird von den anderen weniger leicht auf die Seite geschoben.«

Der Skorpion ist kein Mensch der Kompromisse. Wenn man meint, er habe sich doch einmal für einen entschieden, ist das meistens ein Irrtum: Er hat nur eine andere Taktik eingeschlagen. Er ist ein ausgesprochener Willensmensch und gibt nie auf. Es ist bloß nicht seine Art, die Festung immer von vorn anzugreifen und zu erstürmen, er kann sich ebensogut bei der Hintertür hineinschleichen. Meistens ist ihm jedes Mittel recht, jede Taktik gut genug, um zu erreichen, was er will. Aber sobald alles geschieht, so wie er will, läßt er auch die anderen gelten – das muß jeder anerkennen, der mit ihm in Frieden leben will.

Eine der schönsten Eigenschaften eines Skorpions ist seine Konsequenz in Gefühlsdingen. Freundschaft und Liebe wird er niemals verleugnen (oder gar verraten) – am wenigsten vor sich selber. Er weiß, was er will; und Gefühle sind dazu da, gefühlt zu werden. Oder man wird As-ket. Halbherzige Zwischendinge und unverbindliche Spielereien sind einem echten Skorpion ein Greuel. Ein Skorpion-Mensch will besitzen, und zwar ganz und gar. Sich Menschen untertan zu machen, ist für ihn ein Hobby, materiellen Besitz zu erjagen ein Sport. Die Ausschließlichkeit des Besitzenwollens macht ihn für jede Form der Eifersucht prädestiniert. Es wird ihn vielleicht schon empören, wenn ein Freund ungeniert in sein Haus hereinspaziert kommt, als wäre es das seine. Wenn gar der Partner Grund zur Eifersucht liefert – Gnade ihm Gott! Der Skorpion wird diese Gnade nicht kennen. »Skorpion« ist ein besitzanzeigendes Hauptwort. Die Grenze zwischen Eifersucht und Neid wird oft verwischt sein. Der Skorpion will selbst alles haben, was ihm begehrenswert erscheint, es erbittert ihn, wenn ein anderer der »glückliche Besitzer« ist. Meistens legt er sich keine Rechenschaft darüber ab, was das Motiv seiner Besitzgier ist, und gelegentlich ist es so, daß der aufgebrachte Skorpion einem anderen das Bauchweh neidet, das er selber gar nicht haben will!

Der Verstand dieses Menschen ist zwar meistens messerscharf, aber seine Beweggründe sind oft emotionell, unlogisch und undurchsichtig für Außenstehende. Bei aller Grübelei ist er sich selber über seine Motivationen selten im klaren. Sich selbst erkennt er lieber gefühlsmäßig und »irgendwie« – andere verstandesmäßig und sehr genau.

Die Energien, die in einem Skorpion-Menschen wohnen, strahlen auf alles ab, was sich in seinem Umfeld befindet: auf seine Arbeit und auf seine Mitmenschen. Erst recht auf seinen Lebenspartner. Nicht selten wird sich ein solcher rundherum überfordert fühlen. Ein Skorpion ist kein zahmes Haustierchen, das man friedlich kraulen kann, und das dann dankbar zu schnurren beginnt. Er fordert – dauernd und ohne Ausnahme. Er fordert in der Arbeit Höchstleistungen, er fordert sie im Liebesleben, er fordert sie im familiären Zusammenleben. Wer ihm so ausdauernd widerspricht, wie er ausdauernd fordert, wird ihn in düstere Grübeleien – oder schwarze Rachegelüste stürzen.

Wenn er auch fordert, bis den anderen die Luft wegbleibt (falls die es so weit kommen lassen), er seinerseits wird alle Forderungen zurückweisen. Auf freiwilliger Basis wird ein Skorpion-Mensch, dessen Vertrauen man einmal gewonnen hat, jedoch sein Letztes geben. Es ist aber am besten, sich nicht drauf zu verlassen, daß man das Vertrauen des Skorpions gewonnen hat. Er wird die Vertrauenswürdigkeit immer wieder überprüfen, Fangfragen stellen, Fallgruben und Fallstricke legen, er wird frei erfundene Behauptungen sicher wie Tatsachen vortragen, bloß um festzustellen, wie der andere darauf reagiert und so vielleicht einer bisher unbekannten Tatsache auf die Spur zu kommen; er wird sein Mißtrauen wie seine größte Tugend ausspielen – wohl dem ehrlichen Menschen, der dabei Gelegenheit bekommt, seine Ehrlichkeit zu beweisen (er wird sich klugerweise darüber freuen).

Bei negativen Skorpion-Typen artet die kritische Grübelei in destruktiven Zynismus und in Bosheit aus. Bei ihnen kann man sich des Eindrucks nicht erwehren, daß sie von ihrem eigenen Gift konserviert und gegen jedes andere Gift der Welt immun werden.

Er ist ein komplizierter Mensch – auch in der einfachsten »Ausführung«. Ihn »streitsüchtig« zu nennen, ist bestimmt nicht aus der Luft gegriffen. Solange er nicht der Sieger ist und triumphieren kann, verspürt er innerliche Unrastgefühle.

Es scheint unwahrscheinlich, aber es bestätigt sich doch immer wieder: Dort, wo sich dieser anmaßende, oft grausame Kraftmensch gefühlsmäßig angenommen fühlt, gibt es nichts, was er nicht für den anderen tut. Es ist die Voraussct-

Im späten Mittelalter war die Astrologie für alle Gesellschaftsschichten von größter Wichtigkeit. Bauern und Handwerker lasen aus ihren holzgeschnitzten Kalendern die besten Zeitpunkte für das Bestellen der Felder oder für den Verkauf ihrer Erzeugnisse heraus, während sich der Adel mit seinen Belangen an kostbare Handschriften hielt, wie beispielsweise die Stundenbücher des Duc de Berry.

November – Abbildung aus der Handschrift »Les très riches heures du Duc de Berry«, Frankreich, frühes 15. Jahrhundert.

zung, den Egoisten sein eigenes Ich vergessen zu lassen – und das besorgt er ebenso gründlich wie alles andere auch. In den Händen eines Menschen, der ihn liebt, wird er Wachs.

Beim ausgeprägten skorpionischen Zielbewußtsein ist es eigentlich verwunderlich, daß diese Menschen zu Ordnung und Genauigkeit meistens wenig Beziehung haben. Rund um sie herrscht oft ein entsetzliches Durcheinander, alles wird gehortet und ganz und gar unsystematisch aufeinandergestapelt. Auch wenn sie gar nicht mehr wissen, was sie alles haben – und vor allem, WO sie es haben –, bringen sie es nicht fertig, ihr Sammelsurium durchzuforsten.

In ihnen wohnt die geniale Schlampigkeit; auch in jenen Exemplaren, bei denen sich die Genialität im Vergleich zur Schlampigkeit winzig verhält ... Mit Saubermachen, Waschen und Putzen die Zeit zu vertun, ist ihnen meist zu wenig konstruktiv – was nicht heißen soll, daß Skorpione Schmutzfinke sind; aber es ist ihnen lieber, wenn andere Leute die Säuberungsarbeiten auf sich nehmen, und sie nur das Ergebnis davon genießen.

Skorpion-Menschen lieben es, entweder etwas grundlegend Neues zu schaffen, oder etwas Vorhandenes zu zerstören. Ein doppelter, konstruktiver – destruktiver Hang ist nicht wegzuleugnen. Alles, was gut eingespielt ist, reizt sie, auf die

Tauglichkeit zu prüfen, allenfalls zu verbessern, nötigenfalls zu zerstören. Sehr oft unterliegen sie der Ansicht, niemand sonst wüßte alles so gut wie sie. Das geht von der einfachen Reparatur eines tropfenden Wasserhahns bis zur Entwicklung eines philosophischen Systems. Das Gute tröstet sie nicht, wenn sie finden, sie könnten es besser. Anmaßende Aussprüche und überhebliche Anwandlungen kann man von einem Skorpion jederzeit erwarten, glücklicherweise sind sie meist vorübergehender Natur. Er hat vielleicht Hemmungen – aber er hat keine Minderwertigkeitskomplexe. Er bringt es fertig, trotz der Hemmungen überheblich zu sein ... Um Kollisionen zu vermeiden, hält man ihn am besten von vornherein für unfehlbar.

Ein Mensch in einer echten Notlage, ein wirklich Verzweifelter, wird von ihm aber nie anmaßend behandelt. Kranken, Schwachen, Alten wird er mit großem Einfühlungsvermögen und außerordentlicher Hilfsbereitschaft zur Seite stehen, hier wird er in wahrer Selbstlosigkeit über sich hinauswachsen. Wo Not am Mann ist, handelt er und vergißt für sich selbst jede Gefahr. Für alles, was sich ihm nicht kämpferisch in den Weg stellt, bringt er viel Verständnis und Zartgefühl auf.

Er ist ein großer Tierliebhaber und nimmt sich auch der verlaufenen Katzen und der verlausten Hunde an. Die leidende stumme Kreatur, die dankbar seine Wohltaten entgegennimmt, die nie mit Widersprüchen seinen Kampfgeist weckt, sie bildet das ideale Pendant zum Wesen des Skorpions. Er will den eigenen Willen eines Lebewesens nie brechen – er will ihn sich nur untertan machen. Und das lassen Tiere nun einmal eher mit sich geschehen als Menschen. So trifft man oft auf Skorpione, die ihre besten Freunde in der Tierwelt haben. Sie sind auch sehr interessiert daran, die Geheimnisse der Natur zu erforschen. Dieser Mensch hat ein starkes Gefühl für das Leben – und für den Tod. Er sucht hinter die Dinge zu kommen, und er begreift, daß Leben Entwicklung ist. Nichts, das nicht mehr entwicklungsfähig ist, das von Anfang an nur so und nicht anders sein kann, wird ihn auf die Dauer interessieren.

In der Kunst neigen Skorpione eher zu den kraftvollen Arten, wie Architektur und Bildhauerei. Viel Talent haben sie auch für Musik: Sie können sich gut in diese abstrakteste aller Künste einfühlen.

Die Phantasie des Skorpion-Menschen ist überdurchschnittlich gut entwickelt. Meistens ist es eine sehr bildhafte, realistische Phantasie, weniger die eines reinen Ästheten. Mit Vorliebe phantasiert er sich von einem Detail aus die Hauptsache zusammen. Dann verliert er sich in Nebengassen und findet die Hauptstraße schwer.

Der Skorpion-Mensch ist meistens ein einsamer Denker, dadurch gerät er in Gefahr, ein Fanatiker zu werden. Manchmal hält er Wunsch und Wirklichkeit nicht mehr auseinander – aber er weiß immer, wenn ihm ein anderer einen Wunsch für Wirklichkeit unterjubeln will. Er sollte sich dazu bringen, mit seinen Mitmenschen offen zu verkehren, statt seiner Neigung, alles hinter seiner unbewegten Fassade aufzustapeln. Mit viel Phantasie »bearbeitet« er dieses Gestapelte, bis es dann zu Vorwürfen verdreht wieder zum Vorschein kommt. Was er an einem Tag freudig genossen hat, kann er einem am nächsten Tag total entstellt vorhalten. Oder vielleicht auch in einem Jahr . . . Hinterher fallen ihm dann irgendwelche Details ein, die er nun mißtrauisch aber genußvoll »verwurstet«. Vorhaltungen und Vorwürfe aus dem Munde eines Skorpions haben es meistens an sich, daß sie taktlos und besonders peinlich sind. Von einem Extrem ins andere einzusteigen, fällt diesem Menschen relativ leicht. Er horcht gern andere aus und erforscht deren Geheimnisse, aber er kann sie auch bewahren. Vielleicht benutzt er sie als kleines Druckmittel, um andere Menschen zu etwas zu bewegen.

Mit einem Anflug von Überheblichkeit kann er sagen: »Der Starke ist am mächtigsten allein« – und sich schwer an andere anschließen. Er hat nicht unbedingt viele Freunde, aber er hat viele

Bewunderer – und wahrscheinlich noch mehr Hasser.

In einer Skorpion-Seele finden sich viele Widersprüche zusammen, die oft bis zum äußersten Extrem gehen können: warmherziges Mitgefühl bis tödliche Grausamkeit, äußerste Willenskraft bis triebhafte Labilität, strengste Wahrheitssuche bis zu Heimtücke und Intrigen, idealistische Großzügigkeit und Selbstverleugnung bis zu extremem Geiz, edelster Stolz bis zum Wühlen im Laster ... die Reihe könnte beliebig fortgesetzt werden.

Der starke Wunsch nach geistigem Durchdringen und Erkennen der Wahrheit und der letzten Dinge drängt den Skorpion-Menschen auch religiösen Dingen auf den Grund zu gehen. Sein Hang zum Mystischen wird durch die unerforschliche göttliche Weisheit zusätzlich angesprochen. Er ist aber kein Mensch, der unbesehen Traditionen und Behauptungen hinnimmt. Kirchliche Forderungen sind ihm meistens zu seicht und durchsichtig – er scheut sich nicht, sie »albern« zu finden. Ihm geht es um tiefere Erkenntnisse, die er mit geistig gleichwertigen Partnern gern diskutiert – wobei er nicht selten vom Wunsch beseelt ist, seine subjektiven Erkenntnisse als objektive Wahrheiten bestätigt zu bekommen. Ihm ist kaum egal, was er glaubt, und so möchte er andere gern missionieren.

Fast immer besitzen Skorpion-Menschen eine

ausgezeichnete Konstitution. Ihre große Vitalität
läßt sie mit Krankheiten aller Art rasch fertigwer-
den. Besonders gefährdet sind die Unterleibsor-
gane und die Drüsen. Drogen und Suchtmittel
üben auf Skorpione eine gewisse Faszination aus,
die ihre Gesundheit untergraben, wenn sie ihnen
erliegen, und Unmäßigkeit in mancherlei Beziehung kann sie gefährden. Die Art des Skorpions,
alles in sich hineinzufressen, leistet schleichenden
Krankheiten Vorschub. Es wäre eigentlich klüger
seinen Willen dafür einzusetzen, durch Offenheit
solche Krankheiten erst gar nicht entstehen zu
lassen, als sie nachher mit viel Willensstärke bekämpfen zu müssen.

Skorpione sind hart im Geben, aber auch hart im
Nehmen – zumindestens nach außen hin. Aber
der Schein kann trügen. Sie sind nur äußerlich
ruhig und beherrscht und verbergen in ihrem Inneren viele Wirbel. Wer sie so ansieht, fühlt sich
an das schottische »Loch Ness« erinnert: unbe-
wegtes, schwarzes Moorwasser, abgrundtief und
mit vielen Strömungen, die ein Erforschen un-
möglich machen – und mit einem Ungeheuer
drin. Vielleicht sogar mit mehreren . . . Skorpione
legen um ihre Lavaseele eine Schutzschicht aus
Eis – damit gleichen sie wieder isländischen Vul-
kanen, die wie zur »Tarnung« obenauf einen
Gletscher tragen. Wer sich vor undurchdringli-
cher Tiefe, vor Feuer und vor Eis schreckt, ist

nichts für Skorpione. Sie sind ein rätselhaftes Naturereignis, sie haben unbedingt Charakter. Auf Milde programmierte Seelen kommen irgendwann zweifelsohne zur Erkenntnis: »Ohne Skorpiöner ist das Leben schöner.«

Die goldene Skorpion-Regel:
»Ich respektiere dich so wie du mich«, oder »Fordere nicht mehr von mir als ich von dir« – das ist bei einem Skorpion zumindestens ein eisernes Muß, wenn schon keine goldene Regel. (Ob eine solche jemals gefunden wird, ist fraglich!)

Sternzeichen in der Praxis

Ein Vorwort, das der Skorpion liest, wenn er sich
für die Materie etwas erwärmt hat

Schon als Schulmädchen habe ich angefangen,
die Menschen auf ihr Sternbild hin zu beobachten. Damals ging ich ganz »naturbelassen« an
die Materie heran. Später las ich darüber, was
mir in die Hände geriet und beobachtete weiter –
sozusagen auf »gehobener Basis«.
Was an Literatur über das Thema »Mensch und
Sternbild« vorhanden ist, kann einem eigentlich
schon ein staunendes Kopfschütteln kosten. Oft-
mals ist es rein theoretisch, verallgemeinernd,
simplifizierend – auf die Art wird man den Menschen in ihrer Vielfalt nicht gerecht.
Dann ist wieder genau das Gegenteil der Fall, die
Materie ist derart kompliziert und mit Fachaus-
drücken unterspickt dargestellt, daß ein Mensch,
dem Astrologie nicht gerade das Evangelium er-
setzt, überhaupt nicht mehr mitkommt. Das We-
sentliche, seine Mitmenschen besser zu erkennen
und leichter zu verstehen, wird mit dieser Art
Sternbildkunde meistens nicht erreicht.
Bevor man überhaupt beginnt, sich mit Astrolo-

gie zu beschäftigen, sollte man sich als obersten Grundsatz vor Augen halten: die Sterne zwingen nicht, sie machen geneigt. Jedem Sternbild haftet eine gewisse »Grundstimmung« an. Das heißt gewiß nicht, daß alle Wassermänner, alle Löwen usw. gleichgeschaltet sind und nur so und nicht anders handeln können. Sie können sehr wohl, wenn sie wollen, nur neigt sich ihr Wollen in eine bestimmte Richtung. Dies zu wissen, dient der Selbsterkenntnis.

Um die Menschen besser zu verstehen und besser mit ihnen auszukommen, ist es immer gut, ein wenig hinter ihre Fassade zu schauen. Man kann sich dann leichter anpassen. Anpassungsfähigkeit ist eine sehr nützliche Eigenschaft, besonders dann, wenn man weiß, woran man sich eigentlich anpassen soll. Oft ist nicht genug Zeit vorhanden, einen Menschen genau zu studieren. Man will vielleicht etwas von ihm, bevor man ihn eigentlich kennt; oder ein anderer will etwas von einem, den man nicht kennt. Da ist es sehr hilfreich, wenigstens sein Geburtsdatum zu wissen und über die »Sternbildatmosphäre« zu erahnen, wie man mit ihm dran ist.

Ich kann mich sehr gut an meine Schulzeit erinnern, als ich immer bestrebt war, möglichst bald den Geburtstag der einzelnen Lehrer herauszufinden. Danach fiel es mir viel leichter, die Allgewaltigen richtig zu behandeln. Ein Professor, seines Zeichens Löwe – einer von der »rabiaten« Art –, wurde am besten mit milder Zustimmung behandelt. Wenn er knurrend ins Klassenzimmer gestürmt kam und unhaltbare Behauptungen aufstellte, war es das beste, das gereizte Raubtier mit Widerspruch nicht noch weiter zu reizen. »Jawohl, Herr Doktor, ist gut, Herr Professor«, war fast immer wie Öl auf die Wogen. Und wenn man den richtigen Moment abwartete, konnte man – ganz allgemein gehalten und ja nicht etwa als persönliche Kritik gedacht – anbringen, wie menschenunwürdig doch eigentlich ungerechte Launen seien ...

Bei einem anderen Professor, aus dem Zeichen Skorpion, wäre dies genau das verkehrte Vorgehen gewesen. Er schien es manchmal direkt darauf angelegt zu haben, seine Mitmenschen zu reizen und zu unbedachten Handlungen zu veranlassen, um auf diese Art seine Überlegenheit zu demonstrieren und zu triumphieren; vielleicht wollte er auch herausfinden, wie weit er wohl gehen könnte ... Jedenfalls war es bei ihm angebracht, nicht allzu lange zu warten und ihm zu sagen: »Diese Ungerechtigkeit lasse ich mir nicht gefallen. Wenn Sie so fortfahren, gehe ich nach Hause.« Herr Skorpion hatte seine Grenze erfahren und war zufrieden. Nicht auszudenken, was in diesem Fall besagter Löwe getan hätte! Wahrscheinlich hätte er mich zuerst in der Luft zerris-

Im 15. Jahrhundert wurden diese Tierkreiszeichen und astrologischen Symbole von einem Florentiner Meister für das Buch Matteo Palmieri, Città di vita, gestaltet.

sen, um mich anschließend zum Direktor zu schleppen. Mit diesen Beispielen möchte ich nicht zum Ausdruck bringen, daß Löwen immer »rabiat« sein müßten, sondern nur, daß man einen rabiaten Löwen anders behandeln muß als einen rabiaten Skorpion. Es gibt unzählige friedliche, fröhliche, fromme Abarten – aber es wird eben wieder ein Unterschied sein zwischen einem friedlichen Löwen und einem friedlichen Skorpion. Die Vererbung, die Erziehung, Umwelteinflüsse – alles kann bei einem Sternbild recht unterschiedlich scheinende Charaktere zur Folge haben; man muß dies alles beobachten und beachten. Die Grundstimmung aber bleibt vorhanden, auch wenn die Obertöne wechseln.

Von der Bedeutung des »Aszendenten« ist vielen Menschen nichts bekannt. Das Sternbild bleibt einen Monat gleich, der Aszendent, der »aufsteigende Stern«, wechselt alle zwei Stunden und rückt alle vier Minuten um einen Grad weiter, so daß zu jedem Sternbild der Einfluß eines anderen Sternbildes hinzukommt. Das Sternbild eines Menschen sagt aus, wie er innerlich veranlagt ist, sein Aszendent, wie er sich nach außen hin gibt. Die wenigsten Menschen kennen ihren Aszendenten, geschweige, daß sie eine Ahnung davon haben, wie in der Minute ihrer Geburt die Stellung der Sterne zueinander war. Ein persönliches Horoskop auszurechnen ist eine ziemlich komplizierte Arbeit, dafür sagt es wesentlich Genaueres aus, als der grobe Raster der zwölf Sternbilder, der aber als Hilfe in der Charakterkunde durchaus seine guten Dienste tut.

Worin der Einfluß der Sterne eigentlich besteht, weiß noch niemand genau bis heute. Wenn man eine Sache nicht erklären kann, heißt das aber noch lange nicht, daß man sie deshalb leugnen muß. In vielen Jahren der Beobachtung habe ich jedenfalls festgestellt, daß das Sternbild auf den Charakter eines Menschen Einfluß hat.

Den Zukunftsprognosen und wöchentlichen Vorhersagen in den Zeitungen stehe ich allerdings sehr distanziert gegenüber. Wenn wir aber prinzipiell alles ablehnen wollten, was in unserer Welt schon einmal mißbraucht worden ist, bliebe uns nicht mehr viel übrig.

Ich sehe auch keinen Widerspruch zwischen Religion und Sternbild. Ich sehe nur Zusammenhänge in der Natur – und da liegt für mich der Schluß nahe, daß der Kosmos nicht einflußlos an uns vorüberzieht. Mir scheint es vielmehr eine maßlose Überheblichkeit, wenn sich der Mensch einbildet, er wäre von den Einflüssen des Universums ausgeklammert und besäße quasi einen »Sonderstatus«. Die asiatischen Völker haben viel besser als wir begriffen, daß der Mensch nur ein Teilchen vom Ganzen ist, daß er aus der Natur kommt und in die Natur geht.

Es wird gewiß niemand gezwungen, sich neuen Erkenntnissen zu öffnen, aber man sollte verlangen können, daß niemand prinzipiell etwas ablehnt, verteufelt oder lächerlich macht, das er gar nicht verstanden hat und auch gar nicht verstehen will.

Die zwölf Tierkreiszeichen teilt man zum besseren Verständnis auch noch in die vier Temperamente ein: zu den Cholerikern zählt man Widder, Löwe, Schütze, zu den Melancholikern Stier, Jungfrau, Steinbock, zu den Sanguinikern Zwilling, Waage, Wassermann und zu den Phlegmatikern Krebs, Skorpion und Fische.

Etwas problematisch ist immer die Frage: »Wer paßt zu wem?«. Da wird immer behauptet, die jeweilige Dreiergruppe passe besonders gut zusammen. Gewisse Grundzüge im Temperament, im Denken und Reagieren sind den »Zusammengehörenden« allerdings gemeinsam. Aber ich kenne Fälle, wo Ehepaare, die »eigentlich« gar nicht zusammenpassen dürften, wunderbar harmonieren, und andere, die »eigentlich« ein ideales Paar abgeben müßten, nichts als Krach und Disharmonien aufzuweisen haben. Es empfiehlt sich also, vermehrt auf das zu schauen, was der Betroffene aus seinem Sternbild gemacht hat. Aufgefallen ist mir schon des öfteren, daß die nebeneinanderliegenden Sternbilder selten in einer langdauernden persönlichen Beziehung harmonieren, während jedes zweite Sternbild viel besser paßt. Daraus ergibt sich, daß Melancholiker und Phlegmatiker sowie Choleriker und Sanguiniker bessere Chancen auf Harmonie haben.

Den einzelnen Sternzeichen werden auch gewisse Krankheitsanfälligkeiten »zugewiesen«. Mit dem Widder, dem ersten im Sternenkalender, fängt man beim Kopf an, geht weiter über Nacken- und Schulterpartie beim Stier, um schließlich bei den Beinen und Füßen von Wassermann und Fische aufzuhören. Das heißt nun gewiß nicht, daß nicht auch einmal ein Wassermann auf den Kopf fallen und ein Widder sich die Zehen anschlagen könnte.

Ein vernünftiger Mensch wird auf seine gesamte Gesundheit achten. Wenn man aber eine besondere »Schwachstelle« kennt, wird es kaum schaden, darauf besonders aufzupassen.

Die Tierkreiszeichen sollen dazu dienen, die Praxis des Lebens besser zu bewältigen. Wer im Einklang mit seiner Natur lebt, wird erfolgreicher sein, als wer seine Natur nicht zur Kenntnis nimmt und gegen sich selber lebt.

Die Sterne zwingen nicht, sie machen geneigt. Es bliebe zu erforschen, ob ein geneigtes Ohr ebenfalls zu diesen Neigungen gehört ...

Der Skorpion-Mann

Wer nie einen Skorpion-Mann aus nächster Nähe erlebt hat, der weiß nicht, was ein männliches Naturereignis ist. Eigentlich müßte er ein Schild umgehängt tragen: »Achtung – Gefahr!« Als typischer Skorpion ist es natürlich das letzte, das ihm einfällt, andere zu warnen. Im Gegenteil, er lullt jeden Verdacht auf Gefahr ein, gibt sich ausgeglichen, vernünftig, gemütlich. Nicht, daß er das alles nicht irgendwo ist. Aber es sind mehr die »Leimruten« seines Charakters, die er auslegt, und dann bezieht er »Abwartestellung«. Während sich seine Umgebung fragt, warum er eigentlich nicht reagiert, ist er bereits dabei zu agieren. Wenn eine vorwitzige Frauensperson bei ihm ein bißchen mit dem Finger hintupft, um zu schauen, was passiert, ist es auch schon passiert: Er legt schneller alle Fangarme um sie, als sie denken kann. Vor allem in bezug auf Frauen kennt ein Skorpion-Mann keinen Mittelweg: Entweder er läßt sie völlig herzlos am Eis seines kalten Blickes abrutschen, oder er gleicht einem Flammenwerfer, der jeden eigenen Willen zu einem undefinierbaren Klumpen zusammenschmoren läßt. Für unverbindliche Freundlichkeiten ist dieser Mann kein Abnehmer. Er legt auf alles, was ihm begehrenswert erscheint, seine besitzergreifende Hand und läßt nichts mehr davon los. Mimosenhafte, sylphidenhafte Frauen schließen besser die Augen, wenn ein Skorpion-Mann am Horizont auftaucht. Sie ziehen einander an – aber sie wird ihn nicht ertragen, und er wird sie nicht ertragen. Die Partnerin eines Skorpion-Mannes darf schon hilflos und schwach sein, aber sie muß ganz genau wissen, wann sie es sein darf – und über so viel Stärke verfügen die wenigsten schwachen Seelen.

Ein Skorpion-Mann braucht die Bewunderung und zudem das Gefühl, daß er die Bewunderung auch wert ist. Hiemit verlangt er von seiner Umgebung das Fingerspitzengefühl, an ihm im richtigen Moment das Richtige zu bewundern. Plumpe Schmeicheleien lassen ihn rot sehen. Noch röter sieht er bei Widerstand, denn es besteht absolut kein Zweifel, daß er weiß, was das Beste ist, was das Klügste ist, was das Wichtigste ist ... Er weiß auch, wo die Tradition aufrechtzuerhalten ist und wo nicht, er weiß, wo sich Einsatz lohnt und wo nicht, und er weiß, wo sein heiliger Zorn angebracht ist – und daß sein Zorn immer der heiligere ist, als der jedes anderen, das weiß er auch. Er hat große Ideen und heilige Grundsätze, aber das Größte und Heiligste ist ihm der Leitsatz: »Unterwirf dich mir oder stirb!« Vielleicht redet er nicht davon, aber auf alle Fälle handelt er danach. Und wehe, wenn die Unterworfenen nicht

Tierkreiszeichen Mensch. Dieser Leitgedanke scheint in mittelalterlichen Handschriften immer wieder auf. Die Zeichen werden mit ihren entsprechenden Wirkungen den Körperzonen des Menschen zugeordnet.

Aries. leo. sagittarius. sunt calida et sicca collerica masculina. Orientalia.

Taurus. virgo. capricornus. sunt frigida et sicca melancolica feminina. occidentalia.

Gemini. aquarius. libra. sunt calida et humida masculina sanguinea. oxidrionalia.

Cancer. scorpius. pisces. sunt frigida et humida flemmatica feminina. Septentrionalia.

täglich aufs neue zum Ausdruck bringen, daß es für sie das größte Glück darstellt, von ihm unterworfen zu werden! Sein düsterer Groll wird sich als Jähzorn oder Eifersucht entladen – je nach der Beziehung, in der man zu ihm steht. Er weiß alle Register der Rache zu ziehen.

Was einem Skorpion-Mann lieb und wert ist, das trägt er auf beiden Händen. Er hat gar nicht genug Hände, um es richtig genug zu tragen.

Er scheut nicht Zeit und Mühe und Intensität, um seine Zuneigung zum Ausdruck zu bringen; und alles dieses scheut er auch nicht, um eine Frau kompromißlos an sich zu ketten: Wenn sie Theater liebt, geht er mit ihr ins Theater, nur damit kein anderer mit ihr gehen kann (auch wenn er regelmäßig dabei einschläft); wenn sie ein schönes Heim liebt, sucht er mit ihr alle Einrichtungshäuser im weitesten Umkreis ab (auch wenn ihm persönlich eine harte Bettstatt als Einrichtung durchaus genügen würde); um seine Frau ans Haus zu binden, bedenkt er sie großzügig mit einer Schar Kinder, die sie 24 Stunden am Tag in Trab hält – und dann staunt er, daß sie nicht auch noch 24 Stunden am Tag seine Geliebte sein kann. Er unterläßt nichts, um sie ausgiebig zu beschäftigen – am besten mit ihm und seinen Wünschen.

Daß ein Mann mit einem so ausgeprägten Selbstwertgefühl wie der Skorpion keine sekundäre

Rolle spielen will, ist klar. Sein glosender Ehrgeiz braucht wenig, um stets aufs neue angefacht zu werden. Er arbeitet zäh und verbissen, und weil er niemandem so recht traut, es so gut zu machen wie er selber, übernimmt er neben den notwendigen Arbeiten auch noch die unnötigen.

Von Natur aus hat er einen ziemlich rauhen Charme, und er sinnt selten darüber nach, wie er sich liebenswürdig geben könnte. Aber wenn er spürt, daß er nur mit Liebenswürdigkeit ans Ziel kommt, ist er so liebenswürdig, als wäre er nie anders gewesen.

Ein normal entwickelter Mann aus dem Zeichen Skorpion ist nicht schüchtern, dazu hält er zuviel von sich selber. Aber man findet trotzdem immer wieder Exemplare, die gehemmt wirken. Als ob sie um die Gefahren ihrer Hemmungslosigkeit wüßten, bauen sie einen Schutzwall an Hemmungen um sich herum auf. Meistens brauchen sie nicht viel Ermunterung, bis alle Wälle brechen.

Skorpione beiderlei Geschlechts haben an Kindern Freude, aber nicht immer haben die Kinder an ihnen Freude, weil sie sie oft als zu hart empfinden. Der Skorpion-Mann liebt Kinder – kleine mehr als große, Mädchen mehr als Buben. In beiden Fällen kann er sich mehr als der »Herr« fühlen – auch wenn er nur in zärtlicher Zuneigung mit ihnen umgeht. Neben seiner sentimentalen Begeisterung für die Jungmannschaft glaubt er, daß sich die Erziehungsarbeit im kategorischen Imperativ erschöpft.

Sein Heim möchte der Skorpion-Mann vor allem gemütlich haben. Dazu muß es nicht chemisch gereinigt sein, aber ein wildes Tohuwabohu, durch das er sich erst durchkämpfen muß, wenn er bei der Haustür hereinkommt, betrachtet er als Entweihung. Da er sich schwer bis kaum von Dingen trennt, die er einmal in Besitz genommen hat, können seine dienstbaren Geister zusehen, wo und wie sie den Besitz stapeln, daß man noch bei der Haustür herein kann.

Auf seinem Territorium fühlt sich dieser Mann so wohl, daß er es ohne zwingende Notwendigkeit kaum verläßt. Bei der Ausgestaltung seines Heims läßt er seiner Partnerin freie Hand, sofern sich ihre Bemühungen einigermaßen »im Rahmen« halten; er wird nur streng darauf achten, daß sie bei den Einkäufen stets und immer Rabatte, Skonti und Prozente im Auge behält.

Der Skorpion-Mann schätzt Diskussionen, die ihm neue Erkenntnisse vermitteln, aber nur so lange, als er selbst ein gerüttelt Maß dazu beitragen kann. Weisheit, die er stumm über sich ergehen lassen muß, bezieht er lieber aus Büchern. Da ihm seine schroffe Art meistens nur einen kleinen Freundeskreis beschert, konstruiert er sich seine Lebensweisheiten lieber selbst. Sie sind aber meistens durchaus brauchbar, denn an Wolkenkuckucksheimen basteln die wenigsten Skorpion-Männer herum.

Wer bei einem Skorpion-Mann etwas erreichen will, ist am besten hilflos und verzweifelt. Man sollte ja niemals auf seine Rechte pochen, denn er wird garantiert einen Weg finden, diese Rechte zu bestreiten, und wenn er sich dazu der Methoden eines Winkeladvokaten bedienen muß. Eine tränenreiche, farbige Schilderung des eigenen Elends und des tragischen Konflikts, aus dem man sich nicht mehr befreien kann, wird das Herz des Skorpions rühren, und man wird überhaupt nicht verstehen, wie man ihn jemals kalt und grausam finden konnte. Allerdings empfiehlt es sich, ihm die Verzweiflung nicht gleich haufenweise an den Kopf zu werfen, sein Forscherinstinkt sollte schon auch angesprochen werden und ihn »nachgraben« lassen. Es ist zweckmäßig, leise weinend zu beginnen und gezielt zu steigern, das erweckt das Mitleid in seiner Seele – und dann wird er nichts scheuen, um der furchtlose Retter von Leib und Seele zu werden. Wo ihm Gefühl, Pathos und Intellekt in der richtigen Mischung serviert werden, dort beißt er genußvoll an.

Wer einen Skorpion-Mann richtig bekochen will, darf ihm keinesfalls Dinge servieren, die einem nur auf der Zunge zergehen, und wo man nachher nichts im Magen hat. Schweres Essen und schwere Getränke liebt er und verträgt sie auch. Und meistens verträgt er davon auch noch eine ganze Menge. (Für ausreichende Vorräte ist zu sorgen!) Die Kost sollte keine »Banalitäten« enthalten und »charaktervoll« sein – es ist immer ratsam, vorher seine Ansichten einzuholen, will man sich nicht einem vernichtenden Urteil aussetzen. Eine Mischung aus traditioneller und geheimnisvoll-exotischer Kost wird ihm gefallen, und für Backwaren hat er meistens viel übrig, vielleicht, weil sie ihn an eine solide Häuslichkeit erinnern, wie er sie weiland bei Muttern schätzte. Besonders Hausgebackenes gefällt ihm – eine Frau, die Kuchen bäckt, kann nicht gleichzeitig mit einem anderen Mann flirten. (Die erotisch-verschlungenen Gedanken eines Skorpions gehen seltsame Wege!)

Dezent-pathetische Tischdekorationen gefallen ihm, etwa die fünf olympischen Ringe aus Kuchenteig, dekoriert mit den Fähnchen der Sieger – etwas mehr als nur unterschwellig-dramatischen Sinn darf man als »Besitzerin« eines Skorpion-Mannes schon haben, auch beim Essen.

Der Skorpion-Mann ist ein großer Bewunderer weiblicher Schönheit, in erster Linie aber der Weiblichkeit, sie kommt noch vor der Schönheit. »Wenn schon Weib, dann ordentlich!« Der Typ Frau, den er bevorzugt, soll eindeutig als Frau zu erkennen sein. »Hinten ein Brett und vorne ein

Laden« hat für ihn nichts besonders Begehrenswertes an sich. Ist er vielleicht ein Hund, daß man ihm nur Knochen reicht?!

Ob beim Skorpion-Mann mehr das Phlegma oder mehr die Streitlust dominiert, ist von Fall zu Fall verschieden. Was auch immer obenauf ist, man sollte keinesfalls das andere vergessen.

Wer eine Menge aushält und wer es wirklich ernst meint, der darf auf diesen Mann schon ein bißchen mit dem Finger hintupfen. Wen Vorwitz solches zu tun veranlaßt, der wird sich eines Tages sagen müssen: »Ich bin ihm auf den Leim gegangen!« Ein schwacher Trost – neben einem Skorpion-Mann!

Die Skorpion-Frau

Ist der Skorpion-Mann schon ein rätselhaftes, unergründliches und kompliziertes Wesen, dann noch viel mehr die Skorpion-Frau. In ihrer Seele kämpfen zwei Hauptströmungen gegeneinander an: ihre Leidenschaft und ihre Beherrschung. Die Strudel und Wirbel, die da entstehen, können sich sehen lassen – wenn sie immer zu sehen wären! Das beherrschte Auftreten der Skorpion-Frau sollte nicht darüber hinwegtäuschen, daß sie innerlich von Leidenschaft durchbebt ist. In ihrem Fall »Leidenschaft« mit »Sexualität« gleichzusetzen, ist ein krasser Fehler. In den meisten Fällen ist sie zwar dem Sexleben leidenschaftlich zugetan, aber auch die übrigen Bereiche des menschlichen Lebens sind von ihrer Leidenschaft nicht ausgenommen. Sie wird moderne Kunst leidenschaftlich befürworten – oder leidenschaftlich bekämpfen; sie wird die Schulreform leidenschaftlich verteidigen – oder leidenschaftlich ablehnen; sie wird einen Menschen leidenschaftlich lieben – oder ihn leidenschaftlich hassen; Religion leidenschaftlich ausüben – oder leidenschaftlich lächerlich finden. Alles, was leidenschaftlicher Gefühle und Stellungnahmen nicht wert ist, ist für sie überhaupt nichts wert. Man kann nur wünschen, der Herr möge ihr einen

Ehemann bescheren, der ihrer leidenschaftlichen Zuneigung wert ist. Mit ihrem eigenen unbeugsamen Willen, alles zu bezwingen, kann sie in einen anderen Menschen die eigene Intensität hineinprojizieren. Die Erkenntnis, daß sie zwar sich selbst alles abverlangen kann, nicht aber einem anderen, stürzt sie in tiefe Enttäuschung. Furchtlosigkeit und Eigensinn gehen bei der Skorpion-Frau ineinander über, Stolz und Konsequenz gesellen sich hinzu, und so kann es kommen, daß sie ein untaugliches Mannsbild ein Leben lang mitschleift, wo sie es eigentlich am liebsten und am schnellsten »abstoßen« möchte. Ihre seelische Kraft reicht für zwei – aber das Verhältnis wird in einem solchen Fall alles andere als erfreulich sein.

In einer Beziehung, in der sie zu wenig Beachtung findet, wird sie ihre ganze Energie auf den Widerstand werfen. Wenn's nicht anders geht, wird sie passiven Widerstand leisten, aber sie wird kein willfähriges Werkzeug für einen anderen. Sie ist kein Plüschtierchen, das man aufs Sofa setzt, wo es brav sitzenbleibt, bis einem wieder gelüstet, es zu streicheln. Sie fordert ihren Tribut, und der heißt: Anerkennung.

Von Unterwerfung ihrerseits hält sie nicht viel. Im allgemeinen wäre sie lieber männlichen Geschlechts: Dann käme gar niemand auf die Idee, daß sie sich eigentlich unterwerfen müßte. Sie begeht nicht den Fehler, Männer kopieren zu wollen. Sie ist nicht männlich – sie ist charaktervoll. Im Klartext heißt dies: Sie will selbst bestimmen. Sie ist durchaus zu überzeugen, daß es sinnvoller wäre, für ein bestimmtes Ziel gemeinsam die Kräfte einzusetzen – denn ihr Ehrgeiz, etwas erreichen zu wollen, erlahmt nie –, aber sie will nicht überrollt werden, sondern mitbestimmen.

Jedem Skorpion-Menschen macht Charakterstärke großen Eindruck – auch der zierlichsten Skorpion-Frau. Einen Mann, der ihr mit verklärtem Silberblick zu Füßen liegt, den läßt sie sicher liegen. Wahrscheinlich links. Sie will erobert werden – und sie ist eine Eroberung tatsächlich wert.

Schon im Teenageralter weiß das Skorpion-Mädchen, daß es verführerisch wirkt, also kann man sich die Banalität sparen, es ihr zu bestätigen und ihr dieses abgedroschene Kompliment zuzumuten. Sie argwöhnt dahinter viel eher, daß sie weichgeklopft und als Lustobjekt ins Bett gezerrt werden soll. Ihr Mißtrauen ist immer wach, immer prüfend auf das Gegenüber gerichtet. Sie huldigt der Ansicht: »Vertrauen ist gut – Kontrolle ist besser!« Kaum einem Menschen ihrer Umgebung wird es gelingen, von ihr unkontrolliert durchs Leben zu gehen. Dann, wenn man es erwartet, erfolgt vielleicht keine Reaktion, dafür ist sie ein andermal kaum zu überhören, wenn man die Stimmung eigentlich für sturmfrei hielt. Aus den unergründlichen Tiefen ihres Innersten ist sie jederzeit imstande, etwas Unerwartetes hervorzuholen.

Ihre Logik ist nicht die der reinen verstandesmäßigen Erkenntnis; treffsicher bezieht sie das Geheimnisvolle, Mystische, ja Okkulte mit ein – im Mittelalter hätten ihre hypnotischen Kräfte wohl ausgereicht, um sie als Hexe zu verbrennen. Wenn man Frauen im allgemeinen eine große Intuition nachsagt, dann hat die Skorpion-Frau eine noch größere Portion davon. Sie durchschaut Bluff und Eigennutz und ist nicht bereit, dies hinzunehmen. Was eine Skorpion-Frau als Fehler erkennt, das haben ihre Mitmenschen und Partner bald »von sich aus« eliminiert. Diese Frau ist als tätiger Vulkan genauso gefährlich wie als erloschener Krater – in keinem Fall ist es ratsam, ihre Mißbilligung zu erregen. Die Hoffnung, daß ihr eines Tages die Energie ausgeht, ist unbegründet. Sie braucht nicht unbedingt einen Ehering, um davon überzeugt zu sein, daß ihr ein Mann unwiderruflich verfallen ist; aber wenn sie geheiratet zu werden wünscht, ist es nicht ratsam, ihr diesen Wunsch zu verweigern.

Das Auftreten und das Ansehen, das sie hat, ist dieser Frau immer wichtig. Das, was sie für bewundernswert hält, will sie auch von anderen bewundert haben, aber deshalb ist sie nicht bereit, sich den Ansichten anderer Menschen anzupassen. Wenn sie in ihrer Lebensauffassung nicht der gängigen Norm entspricht, wird sie sich nicht vor Angst bibbernd in die Einsamkeit verkriechen, sondern im Gegenteil besonders herausfordernd auftreten. Das Getratsche von »verächtlichen Seelen« empfindet sie unter Umständen als das größte Kompliment. Sie hat etwas sehr Bestimmendes, auch wenn sie sich treiben läßt, und es braucht meistens nicht viel, um bei der Skorpion-Frau eine gewisse Arroganz herauszufordern.

Ihr Geschmack in Kleidung und modischen Accessoires ist meistens recht bestimmt. Pastellfarben und »süße Weiblichkeit« sind ihr verhaßt. Sie bevorzugt kräftige Farben und einen eindeutigen Stil, und sie genießt den zweiten Blick, den man ihrer Erscheinung widmet, bei weitem mehr als den ersten. (»Einmal schaut man überall hin – ein zweitesmal nur dort, wo es sich lohnt ...«) Dabei ist es gar nicht so wichtig, was eine Skorpion-Frau an Kleidern bevorzugt. Sie füllt diese Kleidung meistens so sehr mit ihrer Persönlichkeit aus, daß man gar nicht darauf achtet, was sie eigentlich anhat.

Auch einer Skorpion-Frau ist – wie ihrem männlichen Sternbildgenossen – großer Erkenntnisdrang eigen. Sie lotet die verschiedenen philosophischen, psychologischen, religiösen und politischen Systeme aus und untersucht sie auf ihren

Wahrheitsgehalt. Wenn ein Geschäftspartner von ihr akzeptiert werden will, muß er ihr schon mit echten Argumenten kommen, Vorurteile und dumme Plattheiten findet sie so verächtlich, daß es sich für sie kaum lohnt, die Verachtung zu zeigen. Über Finanzen und andere irdische Realitäten ist sie keineswegs erhaben, aber sie will ihren Geist nicht ausschließlich mit materiellen Dingen strapazieren. Sie ist eine vielseitige Fanatikerin.

Haushalt und Kinder werden von ihr in Zucht und Ordnung gehalten, und sie ist auch meistens eine gute Köchin. In diesem eigenen Territorium möchte sie unumschränkt herrschen. Sie kann sich zwar selbst in Details verlieren, aber wenn sie von ihren Arbeiten eine bestimmte Vorstellung hat, will sie nicht mit Details und Pedanterie gequält werden. Begegnet man in einem Skorpion-Haushalt jedoch untrüglichen Zeichen eines verfallenden Haushalts, so hat ihr eine große Enttäuschung das Rückgrat gebrochen. Ihr Partner fragt dann besser sich als sie, was los ist.

Bei Skorpion-Menschen liegen Extreme immer nahe beieinander, und sie können außerordentliche Opferbereitschaft entwickeln. So liegt auch bei der Skorpion-Frau die Abkehr von allen irdischen Freuden und die Hinwendung zur vollkommenen Askese durchaus im Bereich des Möglichen. Es kann sein, daß sie sich eigentlich eine

Menge eigene Kinder wünscht, sich statt dessen aber mit ganzer Kraft Kindern widmet, die von anderen Frauen geboren wurden und ohne die Zuneigung ihrer Mütter aufwachsen müssen.

Diese Frau hat viel Einfühlungsvermögen in die menschliche Natur, nicht nur dort, wo sie vollkommen ist, sondern womöglich noch mehr dort, wo sie unvollkommen, schwach und hilflos ist.

Mit einer Skorpion-Frau ist es nie langweilig. Sie ist atemberaubend. Das hat schon mancher Mann so sehr als Freiheitsberaubung empfunden, daß er meinte, darunter zusammenbrechen zu müssen. Vielleicht konnte er sich sogar wieder von ihr losmachen – um dann festzustellen, daß er unter der wiedererlangten Freiheit erst recht zusammengebrochen ist ...

Die Beziehung zu einer Skorpion-Frau ist immer schicksalhaft.

Das Skorpion-Kind

Die größte Sorge von Müttern mit Kleinkindern, ob das Baby wohl genug gegessen hat, wird bei Müttern von Skorpion-Babys wegfallen. Sie werden sich eher fragen müssen, ob sich das Kind nicht überessen hat. Es kann von dem, was ihm schmeckt, nicht genug bekommen – eine frühe Andeutung späterer Exzesse. Sowie das Kind seinen eigenen Sinn entwickelt, beginnt auch schon der Eigensinn. Mütter mit schwachem Charakter werden täglich mehrmals laut stöhnen: »Das Kind bringt mich noch in die Nervenheilanstalt!« Mütter mit starkem Charakter werden dasselbe täglich mehrmals lautlos in sich hineinstöhnen. Skorpion-Kinder gut zu erziehen ist genauso schwer, wie sie schlecht oder gar nicht zu erziehen. Sie werden schon in den Windeln versuchen, sich ihre Mutter untertan zu machen, um später mit dem Vater, den Geschwistern und allen anderen Menschen damit fortzufahren. Jeder »Erfolg« wird sie darin bestärken, weiterzumachen. Es ist keinen Tag zu früh, daß ein junger Skorpion erfährt: hier sind die Grenzen. Oder es gibt eines Tages ein böses Erwachen: entweder vom Skorpion oder von seiner Mutter. Sie muß daher von Anfang an unbedingt konsequent sein – aber Härte wird nur größte Verstocktheit auslö-

Universum des Kopernikus. Zwei Naturwissenschaftler brachten in der Astrologie die entscheidende Wende: Kopernikus und Galilei. Von da an war nicht mehr die Erde, sondern die Sonne der Mittelpunkt unseres Sonnensystems, und mit Hilfe von Galileis Teleskop wurden die Sterne als Körper erkannt. Die Astrologie mußte neue Wege beschreiten.

COPERNICANVM
Systema
TIVS CREATI
THESI
CANA IN
EXHIBITVM

sen. Ein Skorpion-Kind verlangt seiner nächsten Umgebung große Charakterstärke ab. Sein starkes Gefühl will mit Liebe gelenkt, seine bohrenden Fragen müssen mit Aufrichtigkeit beantwortet werden. Aber es wird gleichzeitig auch lernen müssen, daß es nicht rücksichtslos Gefühl ohne Ende fordern und sich nicht in jede Angelegenheit mit Fragen einmischen kann.

Die Ladung geballte Energie, die es mitbringt, würde eigentlich für mindestens zwei Menschenleben reichen, und wo es sie einsetzt, hängt zum größten Teil von den Einsichten ab, die ihm seine Eltern vermitteln konnten. In einer freien und ehrlichen Atmosphäre wird sich seine Anlage zur Hinterhältigkeit gar nicht erst entwickeln, es wird dann mutig und stolz genug sein, offen seine Absichten zu bekennen. Sein Tatendrang verlangt nach Beschäftigung, am liebsten löst es knifflige Probleme, bei denen manchmal sogar Erwachsenen die Geduld ausgeht. Es kommt gern »hinter die Dinge«, und so ist es von Vorteil, wenn wenigstens das Spielzeug zerlegbar ist (Menschen sind ja zum großen Kummer des Skorpion-Kindes nicht »zerlegbar«) und es damit etwas konstruieren kann. Zauberwürfel, Geheimschriften, Mikroskop und »Doktorausrüstung« werden immer auf großes Interesse stoßen. Das Skorpion-Kind träumt in jungen Jahren fast immer davon, Höhlenforscher, Archäologe oder Feuerwehr-

mann zu werden. Vielleicht will es auch Zauber-
künstler oder Indianerhäuptling werden. Mit letz-
terem hat es zumindest die Fähigkeit gemeinsam,
die Zähne zusammenzubeißen und keinen
Schmerzenslaut von sich zu geben. Wenn es ohne
Beruhigungsspritze eine Platzwunde genäht oder
einen Zahn gezogen haben will, sollte man ihm
die Chance geben, seinen Mut und seine Tapfer-
keit zu beweisen. Selbst wenn es doch noch zu
stöhnen beginnt, wird ihm die Erfahrung dazu
dienen, seine Grenzen besser abzuschätzen – aber
es wird jeden Doktor hassen oder sogar mit Fäu-
sten auf ihn losgehen, der ihm gegen seinen Willen eine Spritze gibt. Skorpione landen nur durch
die harte Realität auf dem Boden der Tatsachen,
und damit sollten sie frühzeitig beginnen können.

Sport ist für dieses Kind ein willkommenes Ven-
til, seine überschüssigen Kräfte abzureagieren. Es
sollte ein kraftvoller Sport sein, der auch Ausdauer verlangt, damit es sich richtig gefordert
fühlt.

Dem Skorpion-Kind muß man bald klarmachen,
daß es keine »Heldentat« ist, wenn es seine
Schulkameraden quält und über sie triumphiert,
und daß das »Recht des Stärkeren« kein Recht,
sondern primitive Anmaßung ist. Junge Skorpione wollen auch selbst von sich überzeugt sein
und vor sich Achtung haben können. Ihr Hang

zum Heldentum wird sich gelegentlich in Tollkühnheit äußern. Skorpion-Kinder scheuen selten die Auseinandersetzung; billige Ablenkungsmanöver und plumpe Taktiken zur »Beruhigung« versetzen sie erst richtig in Wut.

Bei seinem Ehrgeiz und seinem Arbeitswillen sollte es nicht schwer sein, dieses Kind für eine gute Ausbildung zu gewinnen. Wissen ist das beste Fundament für Erfolg – das leuchtet ihm ein. Vielleicht wird es noch eine Weile überlegen und abwägen, was es wirklich will, aber dann wird es seine Kräfte bereitwillig einsetzen.

Skorpion-Kinder, von denen nie etwas gefordert wurde, die man nie zur Arbeit angehalten hat, richten ihre Energien mit wahrer Wut auf die Zerstörung. Antiautoritäres Gewährenlassen bringt bei diesem Kind selten gute Früchte, es will und braucht einen festen Rahmen an Liebe und Pflichten, und die quittiert es mit Anhänglichkeit und willigem Arbeiten.

Manche Mutter eines Skorpion-Sprößlings hat schon mit Entsetzen bemerkt, daß er bereits im Volksschulalter daran ging, sein Liebesleben aufzubauen. Dem ist mit größter Offenheit bei der Aufklärung vorzubeugen. Verbote, ohne genauestes Darlegen, warum das Verbotene nicht gut ist, bewirken beim Skorpion-Kind das genaue Gegenteil. Es wittert dahinter ein Geheimnis, und das will es unbedingt lüften.

Es ist keine schlechte Idee, mit einem Kind dieses Typs allabendlich die Tagesereignisse durchzusprechen. Außer bei seinen berühmten Wutanfällen tut sich ein Skorpion-Kind immer schwer, sich zu äußern. Es versenkt seine schlechten Erfahrungen und halbausgegorenen Ideen tief in seinem Innersten, und dort tragen sie dazu bei, ein negatives Weltbild aufzubauen.

Skorpion-Kinder sind nicht besonders gesellig, aber wenn sie einen Freund finden, gehen sie für ihn durchs Feuer – wenn's sein muß bis zum Mond. Mit ihrer Familie halten sie es ebenso: alles oder nichts.

Ein Skorpion-Kind in die Welt zu setzen will gut überlegt sein. Leicht hat man es mit ihm nicht. Wer sich als Mutter nicht zutraut, einen kleinen Dämon mit Festigkeit und Güte zu bändigen, der sollte vielleicht einen Monat später heiraten, um einen kleinen Schützen zu bekommen. (Manche Mutter hat sich auch schon gewünscht, sie wäre im achten Monat vom Tisch gehüpft, um einer freundlichen Waage das Leben zu schenken.) Aber wem der »Einstieg« mit seinem Skorpion gelingt, erlebt eine Erziehungsgenugtuung, die Eltern von anderen Sternbildkindern nur ahnen.

Das Liebesleben des Skorpions

Die Liebe ist für Skorpion-Menschen nicht nur wichtig, sie ist für sie schicksalhaft. Sie wird letztlich zum Drehpunkt für ihr ganzes Leben. Die erotischen Phantasien fangen im frühen Alter an und hören im späten Alter nicht auf. Hat ein Skorpion-Mensch beschlossen, der Liebe zu entsagen, wird er ein fanatischer Asket werden – aber er beschließt es in den seltensten Fällen.

Auch bei flüchtigen Begegnungen wird der Skorpion in Sexvorstellungen schwelgen; wenn er sich unnahbar gibt ebenso, wie wenn er eindeutig seine Absichten in Richtung »Opfer« funkt. Letztlich wird sein Wesen von seinem Verlangen nach Liebe geprägt; seine Arbeitswut und seine schöpferischen Kräfte sind oft nichts anderes als sublimierte erotische Kräfte – nur bleibt auch nach der sublimierten »Läuterung« noch genügend Energie für die ursprünglichen Zwecke über.

Für ein befriedigendes Liebesleben ist ein Skorpion bereit, alles – wirklich restlos alles! – zu tun. Es ist immer nur eine Frage, was letztlich für ihn befriedigend ist. Um sein Ziel zu erreichen, kann er zärtlich wie ein Mailüftchen sein oder rauh und gewaltig wie ein Blizzard, er kann stetig und zuverlässig sein wie ein Passat oder stürmisch wie der Samum in der Wüste. Aber meistens wird er zuletzt das sein, was ihm wirklich liegt: ein Tornado, ein verheerender Wirbelsturm.

Will er einen Menschen gewinnen, setzt der Skorpion alles auf eine Karte: Charme, Witz, Zärtlichkeit, Brutalität, Rücksichtslosigkeit, Großzügigkeit, Erpressung, Wahrheit und Lüge ... Kein Mensch, bei dem nicht irgend etwas davon wirkt. Und der Skorpion muß sich dabei gar nicht verstellen, denn in seiner vielschichtigen Seele ist von allem etwas, das ihm ganz gewiß zur Verfügung steht, wenn als Lohn dafür ein Liebesabenteuer winkt. Im Gefühl konsequent, nimmt er im Sex unbedenklich, was er kriegen kann.

Ein Skorpion ist eine Kraftnatur – was die Liebe angeht besonders. Da ist es schon besser, er sucht sich eine Partnerin, deren Liebesbedürfnis sich nicht im Absingen von Liebesliedern erschöpft. Auch eine Skorpion-Frau träumt nicht von der zarten, elfengleichen Verehrung auf Lebenszeit. Vielleicht sind Menschen dieses Zeichens zuerst etwas gehemmt und zu verhalten, um ihre wahren Bedürfnisse zu erkennen, aber es ist kaum zu erwarten, daß sie ihnen ein Leben lang verborgen bleiben.

Es gibt Skorpion-Männer, die glauben, daß es für eine Frau eine wahre Lust sein muß, von ihnen vergewaltigt zu werden. Wenn es sich um ein kultiviertes Skorpion-Exemplar handelt, steht bei ihm vielleicht »geliebt« statt »vergewaltigt«. Daß er aber letztlich das gleiche meint, zeigt sich in der Praxis: Von diesem Zeichen wurde schon manche Frau krankenhausreif geliebt. Einmal zur Liebe entschlossen, geht er gar nicht zimperlich vor. Seine Zärtlichkeiten und Küsse sind handfest und fordernd, und sofern eine Frau bei ihm überhaupt noch zum Denken kommt, mag sie denken: »Ist das nun ein Nahkampf, oder meint er Liebe?« Für kurze Zeit empfinden die meisten Frauen die Skorpion-Liebe wie eine Offenbarung. Er aber meint Dauerleistung. Und dafür wird sie ihnen zu erschöpfend oder zu gefährlich. Sie sind zwar glücklich wie nie zuvor – aber um und um lädiert.

Der Skorpion startet aus dem Stand mit 100 Stundenkilometer – und wenn's sein muß, behält er dieses Tempo für eine Sechstagerundfahrt bei. Er ist Sprinter und Marathonläufer zugleich.

Nach ihm gehört eine Frau unterworfen, und wenn sie die Richtige für ihn ist, dann genießt sie es. »Was nicht wehtut, ist nicht Liebe« – vielleicht sagt er es, sicher meint er es. Manche Skorpion-Menschen bekämpfen ihre sadistischen Züge, manche kultivieren sie. Aber immer, wenn sie ihren Partner ordentlich verletzt haben, werden sie zum einfühlsamen Tröster. Zu verletzen und zu trösten ist ihnen gleichermaßen ein aufregendes Liebesabenteuer. Den jeweiligen Geliebten widmen sie sich ausgiebig und intensiv – um sie bei nicht genügen ebenso ausgiebig und intensiv fallenzulassen.

Eine Ehe mit einem Skorpion-Menschen geht niemals gut, wenn der Skorpion-Teil sexuelle Unzufriedenheit fühlt. Schuldig oder schuldlos: Wer sexuell nicht genügt, zersetzt die Verbindung.

Umgekehrt ist gerade das Liebesleben der Zement bei einer Skorpion-Beziehung. Für einen Partner, der ihm hier ebenbürtig ist, hebt der Skorpion die Welt aus den Angeln. Sogar seine erotische Verführbarkeit und sein sexuelles Herumstreunen gibt er dann auf. Er wird so treu, daß sich die Partnerin davon zermalmt fühlt – eine zusätzliche Bereicherung der skorpionschen Liebeslust.

Er nimmt unermüdlich – aber er braucht dabei unbedingt das Gefühl, daß er der Gebende ist. Für ihn ist Liebe etwas, das sich einzig in der Sexualität angemessen artikulieren läßt. Es gibt keine Stellung, die er nicht zu probieren wünscht, es gibt keinen Ort, wo er nicht der Liebe frönen möchte, es gibt keine Stimmung, die er nicht erotisch auskosten möchte. Einem geliebten Partner blickt er bis auf den Grund der Seele, und um ihn glücklich zu machen, bedient er sich aller nur möglichen Variationen. Es ist daher wenig ver-

Widder

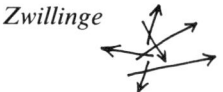

Ob all seiner Bocksprünge verliert er keineswegs die Richtung aus den Augen.

Stier

Eine gerade Linie ist der Lebensweg des Stiers – was sich ihm auch an Freud und Leid entgegenstellen mag.

Zwillinge

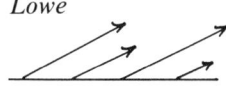

Flitzt gekonnt in alle Richtungen zugleich und vergißt gelegentlich, wo er eigentlich selber steht.

Krebs

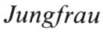

Er verläßt sein Schneckenhaus nur, um sich in ein neues zu verkriechen.

Löwe

Er rennt unverdrossen vorwärts, auch wenn er immer wieder auf der gleichen Ebene beginnen muß.

Jungfrau

Hier werden die komplizierten Lebenslinien der Jungfrau ihren Platz bekommen (sie ist soeben dabei, ein Gerät auszutüfteln, das stark genug ist, die feinen Linien sichtbar zu machen).

Waage

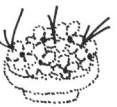

Ein ästhetisch-ätherisches Blumengebilde ist der Waage Leben. Sie überläßt es den anderen, darin enthaltene Stacheln zu vermeiden.

Skorpion

Wer sich in diesem Wirbel verfängt, ist selber schuld, wenn er darin umkommt.

Schütze

In diesem Konzentrat ist keine Linie mehr zu erkennen.

Steinbock

usw. – Ende nicht abzusehen.

Schraubt sich beharrlich in die Höhe und nimmt dabei Abstiege und Rückschläge in Kauf.

Wassermann

Hier ist er in das Universum eingetreten. Wohin ihn die Parabel seines Lebens führt, weiß keiner (nicht einmal er selber . . .).

Fische

Rhythmisch bewegte Wellen tragen den Fisch über die Untiefen des Lebens hinweg – und machen Zuschauer seekrank.

wunderlich, daß sich mit Skorpion-Menschen öfters als sonstwo wahre Hörigkeitsverhältnisse herausbilden.

Die Skorpion-Frau ist – wohl als Produkt einer in unseren Breiten üblichen Erziehung – zuerst etwas mehr zurückhaltender Natur. Wenigstens nach außen. Für sie ist Liebe eine todernste Sache. Entsprechend intensiv werden die möglichen Bewerber röntgenisiert. Auf wen sie einmal ihr Auge geworfen hat, dem spritzt sie ihr süßes Gift ein, daß der solchermaßen Gelähmte und Hypnotisierte für andere weibliche Reize blind und taub ist. Er hat es auch gar nicht mehr nötig, links und rechts zu schielen, denn seine Herzensdame lockt ihn aus jeder eventuell vorhandenen Reserve und bringt ihn unermüdlich zum Einsatz. Kaum ein Mann, der dauernd in »Kriegshandlungen« verwickelt ist, sehnt sich noch einen zweiten Krieg herbei!

Liebe als Gesellschaftsspiel ist nicht die Sache der Skorpion-Frau. Sie ist ein sinnliches Weib und leidenschaftlich dazu. Der Mann, der das nicht berücksichtigt, kommt sich zum Schluß neben ihr wie eine leere Hülle vor. Wer sich aber erfolgreich um ihr Glück bemüht, den macht sie nicht bloß zum König, der ist auch noch ihr Regierungschef, Ministerpräsident und sämtliche Minister. Einerseits möchte sie dominieren, andrerseits möchte sie einen dominierenden Mann.

Am glücklichsten wird sie jedenfalls mit einem dauerpotenten Mann, der sie beherrscht und zugleich rücksichtsvoll fragt: »Wie hättest du es denn gern?« Herrschsucht und Ergebenheit in einem – genau das, was auch jeder Skorpion-Mensch in höchstem Maß miteinander verbindet.

Die Umgebung dieser sex- und liebeswütigen Skorpione muß stabil sein. Und auch dann wird sie noch in Fransen und Splitter gehen. Letztlich ist es egal, ob die Umgebung ganz spartanisch oder von ausschweifendem Luxus ist, aus dem einfachen Grund, weil es dem Skorpion zuerst bis zuletzt um die Liebe geht und nicht um die Umgebung. Wenn er ehrlich ist, ist sie ihm egal.

Die Schwierigkeit in der Partnerschaft ist, daß ein Skorpion an Menschen, die sich ihm widerstandslos ergeben, auf die Dauer genausowenig Freude hat wie an Menschen, die ständig Widerstand leisten. Der Partner eines Skorpions braucht viel geistige Wendigkeit, Gefühlstiefe, Hingabefähigkeit ... Krebs und Fische bringen sie mit. Jungfrau-Menschen werden sich endlich genau genug genommen fühlen, Steinböcke werden sich wahrscheinlich gut mit ihm arrangieren. Die meisten anderen Sternbilder sind entweder dem Skorpion zu eigensinnig, oder er ist ihnen zu eigensinnig.

Als beste Vorbereitung zu einer Partnerschaft mit

dem Skorpion gilt ein ausgiebiges Training mit Hanteln, Hürden oder ein Marathonlauf. Das schärft die Reaktionen und stärkt die Kondition – beides wird man mit ihm ein Leben lang brauchen.

Skorpion und Widder

Diese Beziehung ist eher heftig als innig. Beide neigen eindeutig mehr zum Herrschen als zum Gehorchen. In der Liebe kommen sie gut miteinander aus, aber gleich nachher beginnen die Probleme. Ein Widder ist nicht dafür geschaffen, sich in einem Gehege aus eifersüchtigen Vorschriften zu bewegen. Gute Liebespartner, mäßige Ehepartner; am besten, sie ziehen gemeinsam als Widerstandskämpfer los.

Skorpion und Stier

»Theoretisch« könnten sie sich recht gut verstehen, denn der Sinn für Heim und Familie, Partner und Geld, Gefühl und Sex ist bei beiden gut ausgeprägt. Aber Herrschsucht, Jähzorn und Unversöhnlichkeit lauern auf der anderen Seite. Wenn jeder entschlossen ist, sich selbst statt den anderen zu ändern, könnte es das Wagnis wert sein.

Skorpion und Zwillinge

Vielleicht hängt hier der Himmel voller Geigen –
aber voller Baßgeigen. Das dumpfe Grollen des
Skorpions ob der unbekümmerten Leichtigkeit des
Zwillings wird sich ganz so anhören. Zwillinge
werden zwar mit allem fertig, aber ob sie mit einer
so unterschiedlichen Lebenseinstellung auch fer-
tigwerden WOLLEN, das ist die Frage ...

Skorpion und Krebs

Hier geht es besonders ideal zu, wenn ER Skorpion und SIE Krebs ist. Die männlich strenge
Führung und die weibliche Anpassungsfähigkeit
ergänzen einander perfekt. Auch umgekehrt sollten sich noch viele Gemeinsamkeiten finden lassen. Viel Gefühl ist auf beiden Seiten vorhanden,
man sollte Sorge tragen, daß es füreinander und
nicht gegeneinander zum Einsatz kommt.

Skorpion und Löwe

Der Löwe ist der denkbar schlechteste Abnehmer
für herrschsüchtige Besitzansprüche und schwe-
lende Eifersucht. Er ist zwar mit einem sonnigen
Gemüt ausgestattet, aber man sollte es nicht an-
dauernd verdüstern. Hier kann der Skorpion sein
Talent für langfristige Taktik ausspielen, dann
werden beide an der herrschenden Leidenschaft
Freude haben – sonst fühlt sich der offene Löwe
bald in den Hinterhalt gelockt.

Skorpion und Jungfrau

Der Skorpion hat einen Giftstachel – das weiß jeder, die Jungfrau hat unter ihrem seidigen Fell viele Giftstacheln – das weiß man erst nach einiger Zeit. Vielleicht stört sich der Skorpion an der undramatisch-sachlichen Denkweise der Jungfrau, während sie seine Gefühlseruptionen etwas überzogen findet. Aber beide sind bereit, einander mit Ausdauer zu erobern. Das Verbindende wiegt schwerer als das Trennende.

Skorpion und Waage

Ein »Leben in Schönheit und Harmonie« ist mit dem Skorpion nicht möglich – das wird die Waage bald schmerzlich zu spüren bekommen, und ihre rasch wechselnden Gefühle werden noch rascher wechseln. Die erotischen Freuden allein tun's nicht. Hier steht das Barometer auf Sturm – ein Naturschauspiel, das man vielleicht gelegentlich, aber sicher nicht das ganze Leben hindurch genießt.

Skorpion und Skorpion

Die beiden kampferprobten Recken werden auch im Bett ihre heißen Gefechte austragen – möglich, aber nicht wahrscheinlich, daß dies die Beziehung tragfähig hält. Mit der Zeit geht vermutlich die Wohnungseinrichtung ebenso wie die Zuneigung kaputt.

Skorpion und Schütze

Der Schütze ist nicht zu unterjochen, und das nimmt der Skorpion grausam übel. Er betrachtet die Freiheitsliebe und den Anspruch auf Ungebundenheit beim Schützen als Anmaßung und Arroganz. Und genau das sagt der Schütze über die Herrschsucht und Eifersucht des Skorpions: Anmaßung und Arroganz. Hier würde guter Wille kaum viel helfen, aber meistens ist er nicht einmal gut . . .

Skorpion und Steinbock

Mit den sexuellen Hemmungen räumt der Skorpion radikal auf, und das weiß der Steinbock über die Maßen zu schätzen. Beide sind ehrgeizige, verbissene Arbeiter – innerhalb und außerhalb des Bettes. Was sie sonst noch schaffen, wird in Familie und Besitz investiert. Sie werden übereinander kaum zu klagen haben.

Skorpion und Wassermann

Es ist unerforschlich, was die beiden aneinander anziehend finden – es kann sich nur um eine vorübergehende Täuschung handeln. Viel Freundschaft, viel Freiheit, viele phantastische Ideen – das zeichnet den Wassermann aus. Und für jedes einzelne davon würde ihn der Skorpion am liebsten ans Kreuz nageln. Die Unterschiede sind so gravierend, es ist schade um Zeit und Energie.

Skorpion und Fische

Hier ist die Faszination berechtigt. Es gibt kaum eine idealere Verbindung, und es braucht schon arg viel Ungeschicklichkeit, um diese Verbindung zu zerstören. Die hingebungsvolle Duldsamkeit der Fische wird den Skorpion besänftigen, und er wird die Geborgenheit bieten, die man im Zeichen der Fische sucht. In der Liebe steigern sie sich gegenseitig mit soviel Phantasie, daß es eine wahre Lust ist. Einmal »Ja« genügt hier nicht; man müßte »Ja-ja-ja« sagen . . .

Der Skorpion im Berufsleben

Ohne Beruf, im weitesten Sinn des Wortes, würde ein Skorpion-Mensch vermutlich wahnsinnig werden – oder aber seine Umgebung wahnsinnig machen. Er braucht ein Betätigungsfeld, wo er unermüdlich werken und wirken kann. Selbst wenn er 18 Stunden täglich arbeitet, der Partner eines Skorpions wird mit der Zeit nicht mehr reklamieren, denn er weiß aus Erfahrung, die Energie reicht grundsätzlich für 24 Stunden Arbeit und 24 Stunden Liebe im Tag. Es kommt keines von beiden zu kurz.

Etwas aufzubauen reicht dem Skorpion kaum, das, was er aufbaut, muß darüber hinaus immer noch »entwicklungsfähig« sein. Er hat große Ideen – die gelegentlich einen Anstrich pathetischer Großartigkeit bekommen –, aber er hat die Energie, seine Ideen auch durchzuboxen. Schwierigkeiten reizen ihn sehr, er entwickelt dabei ein gewisses boshaftes Vergnügen, trotzdem nicht aufzugeben, jetzt erst recht zu zeigen, daß sich verwirklichen läßt, was er sich in den Kopf gesetzt hat.

Auch wenn er idealistischen Ideen huldigt, geht er sie doch immer vom Nützlichkeitsstandpunkt aus an. Reiner Idealismus, reine Theorie, reine Träumerei sind nicht seine Sache, aber er wird immer danach streben, in seine Arbeit auch Idealismus, Theorie und Träumerei einzubauen, solange alles realisierbar bleibt. Sinnvoll, nützlich und möglichst einträglich – das sind in etwa seine Kriterien. Den Grundsatz, »Jeder Tag, an dem ich nichts dazugelernt habe, ist ein verlorener Tag«, erweitern Skorpion-Menschen auf: »Jeder Tag, an dem ich nichts eingenommen habe, ist ein verlorener Tag.«

Sie sind klug genug zu wissen, Geld bedeutet Macht. Und der Quelle, wo das Geld heraussprudelt, halten sie auf alle Fälle die Treue. Auf den Arbeitseinsatz eines Skorpions kann man sich unbedingt verlassen. Er wird die Arbeitszeit nicht mit Schnick-Schnack vertrödeln, und er wird nicht sentimentalen Träumen nachhängen. Am Ende eines Arbeitstages will er sehen, was er geleistet hat. Falls es sich um unsichtbare Arbeitsleistungen handelt, dann läßt er sie im Geiste Revue passieren, um das befriedigende Ausmaß zu konstatieren. Er ist dabei unbedingt Realist und wird in bezug auf Arbeitsleistung weder sich noch anderen was vorzaubern.

Kollegen betrachten den Skorpion oft als »Spaßverderber«. Er ist überhaupt kein besonders spaßiger Mensch, aber ziellos die Zeit zu vertrödeln ist so ziemlich das letzte, das ihm spaßig dünkt.

Ausgelassenes Kollegenvolk wird er mit einem nachtschwarz-verweisenden Blick bedenken und sich mit größter Konzentration seinen eigenen Aufgaben widmen.

Als Chef und Unternehmer entwickelt der Skorpion eine gehörige Portion Kühnheit. Er geht gern Projekte an, die eigentlich scheitern müßten, nur: bei ihm scheitern sie nicht. Vielleicht disponiert er um, vielleicht macht er Abstriche, aber in einem hilflosen Fiasko zu landen, passiert kaum, weil er vorher zu genau berechnet hat, was im Bereich des Möglichen liegt.

Für alle Arten menschlicher Tätigkeiten ist ein Skorpion prinzipiell gut einzusetzen: Er läßt sich als Chef nicht auf dem Kopf herumtanzen, er läßt sich als Untergebener nicht ausnützen, er läßt sich als selbständig Erwerbender oder Freischaffender nicht in ziellose Gammelei fallen ... Er setzt sich immer für die gestellte Aufgabe ein.

Als Mensch, der gern Macht ausübt und andere manipuliert, weiß er sehr genau wie wichtig es ist, die menschliche Seite bei der Arbeit zu berücksichtigen. Aus kleinsten Äußerungen, Andeutungen und Beobachtungen wird er auf die größten Geheimnisse seiner Mitmenschen schließen und clever einkalkulieren. Seine Stärke – die zugleich seine Schwäche ist – besteht darin, daß er auf gefühlsvibrierende Argumente und verzweifelte Ausbrüche anspringt wie ein Automotor auf den

Choker. Manches, für das er sich auf diese Art einspannen läßt, wäre nun wirklich nicht seine Angelegenheit, aber unglückliche Mitmenschen aus der Verzweiflung herauszureißen und sie – wer weiß! – vor dem drohenden Selbstmord zu erretten, stachelt seine Vorstellung von Pflicht und Selbstachtung ungemein an. Dann kann er sie von einer sachlichen Arbeitseinstellung nicht mehr auseinanderhalten und lädt sich damit eine Menge Unnötiges auf.

Skorpion-Menschen eignen sich sehr gut als Sozialarbeiter oder als Ärzte. Alles, was mit geheimnisvollen, unerklärlichen Dingen zusammenhängt, wird sie faszinieren: Detektiv, Chemiker, Höhlenforscher ... Wo Willenskraft, Energie und Ausdauer vonnöten sind, steht der Skorpion am richtigen Platz. Sein grübelnder Geist führt ihn in Richtung Theologie und Philosophie. Als Feuerwehrmann oder als Polizist nimmt er sich bestimmt gut aus. Die Liebe zum guten Essen und Trinken macht ihn für die Gastronomie begabt (die Gäste werden ihm schon aus Respekt vor seiner Person aus der Gaststube kein Tollhaus machen!), und seine große Suggestivkraft und sein »psychologischer Röntgenblick« machen aus dem Skorpion einen gefährlich-erfolgreichen Geschäftsmann. Kraftvoll-schöpferische Künstler, mystische Dichter rekrutieren sich ebenfalls aus den Skorpion-Reihen.

Für die politische Laufbahn sind Schlauheit, Suggestivkraft, Zielstrebigkeit, Energie und eine nicht übermäßig entwickelte Empfindlichkeit ausgezeichnete Voraussetzungen. Aber wenn man einen Skorpion befragt, wird er vielleicht ohnedies sagen: »ALLES im Leben ist Politik.«

Die Zusammenarbeit mit den *Feuerzeichen* (Widder, Löwe, Schütze) ist vermutlich nicht ausgesprochen ideal. Diese Zeichen legen dem Skorpion zuviel Wert auf »Auftreten«, während er dem Sinn der Dinge höhere Wertigkeit zumißt. Der Skorpion als Chef von Feuerzeichen wird sie zuwenig in seinen Willen einspannen können, was ihm niemals sehr behagt. Ihre offenherzige Art empfindet er zu naiv, als daß sie erfolgreich sein könnte. Als Untergebener dieser Zeichen wird er öfters das Gefühl haben, man trample auf seiner Seele herum. Verständige Chefs dieser Zeichen machen sich aber die Genauigkeit und Ausdauer des Skorpions zunutze – und das wird ihnen gelingen, wenn sie nicht zu sehr den »Herrn« herauskehren.

Die *Erdzeichen* (Stier, Jungfrau, Steinbock) arbeiten mit dem Skorpion im allgemeinen gern und auch gut zusammen. Der Skorpion-Chef schätzt es, wenn nicht nur solange verläßlich gearbeitet wird, als man den Leuten auf die Finger schaut – und bei den Erdzeichen ist das der Fall. Vielleicht wünscht er sich ein bißchen mehr Gemüt bei seinen Leuten, aber umgekehrt wird er zustimmen, daß Nüchternheit der Arbeit meistens eher förderlich ist. Der Skorpion als Untergebener von Erdzeichen wird seine Arbeit richtig gewertet empfinden, er muß sich nicht mit Herrschaftsallüren seiner Chefs herumschlagen, und er empfindet es angenehm, daß es um die Leistung und nicht um devote Ergebenheitsbezeugungen geht – das wird ihn besonders ergeben machen.

Mit den *Luftzeichen* (Zwillinge, Waage, Wassermann) wird die Zusammenarbeit wahrscheinlich recht kritisch werden. Die nervös-angespannte Atmosphäre, die um diese Zeichen herrscht, empfindet der Skorpion als störend. Als Chef wird er zwar seinen Luftgeborenen-Angestellten Festigkeit und Halt geben, aber gern wird er es nur tun, wenn die Leistung entsprechend ist. Die Tendenz, sich allen Problemen zu entwinden, statt sich ihnen zu stellen, findet keineswegs den Beifall des Skorpions. Wenn es der Beruf verträgt, wird er über den Einfallsreichtum dieser Zeichen erfreut sein, aber er wird es schwer dulden, daß es dabei bleibt und hinter dem Einfall nichts mehr nachkommt. Über einen Chef aus den Luftzeichen wird der Skorpion auch nicht gerade begeistert sein. Zu oft bleibt ihm die Anerkennung für seine Art Leistung aus, oder sie wird nur leicht und nebenbei gespendet, und das bedrückt den Skorpion. Wenn schon Untergebener, dann nicht gerade von einem Luftzeichen; wenn schon Luftzeichen, dann nicht gerade als Untergebener.

Die Arbeitsmöglichkeiten mit den eigenen *Wasserzeichen* (Krebs, Skorpion und Fische) werden recht gut sein. Skorpion und Skorpion treten zwar gelegentlich einander ins Fettnäpfchen, und vielleicht wollen sie sich zu oft gegenseitig übertrumpfen. Aber den Leistungswillen schätzen sie aneinander sehr. Der Skorpion als Chef von Krebsen oder Fischen wird eine wundersame Harmonie ergeben, so wundersam, daß sie vor lauter Harmonie die Arbeit vergessen. Viel Gemüt, viel Anpassung, viel Einfühlungsvermögen – in irgendeiner Beziehung muß sich das positiv bemerkbar machen.

Als Untergebener dieser beiden Zeichen wird er wahrscheinlich mit der Zeit das Heft umzukehren versuchen: Er ist der bestimmendere Teil, er kann besser führen. Bei den guten Arbeitsqualitäten werden Krebse und Fische aber nicht allzu heftig reagieren: Hauptsache man versteht sich . . .

Im Umgang mit dem Skorpion ist darauf zu achten, daß seine Selbstachtung nicht verletzt wird. Auch wenn zunächst keine Reaktion erfolgt, sie bleibt niemals aus. Er zahlt mit Zins und Zinseszins zurück, und so kann sich aus einer unbedachten Äußerung die schönste Blutrache entwickeln.

Was ein Skorpion auch anpackt, auf die eine oder andere Art möchte er darüber »herrschen«. Für diese Bereitschaft möchte er Anerkennung und Ergebenheit, Geld und Gefühl – für alle Zeit und Ewigkeit. Am liebsten würde er wohl nach seinem Tod noch unsichtbar in der Welt herumwandern, um zu kontrollieren, ob ihm auch ja noch alles gehört, was ihm einmal gehört hat . . .

Einige berühmte Skorpion-Vertreter

Martin Luther, 10. 11. 1483; deutscher Kirchen-
reformator, viele geistliche Streitgespräche,
geistig unbeugsam

Hans Sachs, 5. 11. 1494; der dichtende Schuster
aus Nürnberg schrieb über 4000 Lieder

François-Marie Arouet de Voltaire, 21. 11. 1694;
bedeutendster Vertreter und geistiger Führer
der Aufklärung

James Cook, 27. 10. 1728; Kartograph, britischer
Entdecker und Weltumsegler, in Hawaii er-
mordet

Friedrich Schiller, 10. 11. 1759; deutscher Dichter
und Dramatiker

Niccolò Paganini, 27. 10. 1782; autodidaktischer
Violinvirtuose, feierte als »Teufelsgeiger«
große Triumphe

Fjodor Dostojewski, 11. 11. 1821; russischer
Dichter, ständig in Kollision mit der Obrig-
keit, stellte die Abgründe der menschlichen
Seele dar

Georges Bizet, 25. 10. 1838; französischer Kom-
ponist, Oper »Carmen«

Auguste Rodin, 12. 11. 1840; bedeutendster französischer Bildhauer des 19. Jahrhunderts

Gerhard Hauptmann, 15. 11. 1862; deutscher Dichter, gewaltige Produktion verschiedener Stilrichtungen

Marie Curie, 7. 11. 1867; polnische Wissenschaftlerin, 2 Nobelpreise (Physik und Chemie), Professur an der Sorbonne in Paris

Indira Gandhi, 19. 11. 1917; indische Ministerpräsidentin, eng mit der indischen Unabhängigkeitsbewegung verbunden

Richard Burton, 10. 11. 1925; englischer Schauspieler (Shakespearerollen), ausschweifendes Privatleben

Gracia Patricia von Monaco, 12. 11. 1929; als Grace Kelly Theater- und Filmschauspielerin, heiratete 1956 Fürst Rainier III. von Monaco

Bildnachweis

Seite·10: Miniatur aus der Handschrift »De Sphaera«, Italien, 15. Jh., Biblioteca Estense, Modena, Photo Roncaglia.

Seite 19: Abbildung aus der Handschrift »Les très riches heures du Duc de Berry«, Frankreich, frühes 15. Jh., Musée Condé de Chantilly, Photo Giraudon.

Seite 30: Aus: Matteo Palmieri, Città di vita, Florenz, 15. Jh., Biblioteca Medicea Laurenziana, Photo Guido Sansoni.

Seite 39: Abbildung aus der Handschrift »Les très riches heures du Duc de Berry«, Frankreich, frühes 15. Jh., Musée Condé de Chantilly, Photo Giraudon.

Seite 54/55: Stich aus dem »Atlas Coelestris« von A. Cellarius, 1660, Zürich, Zentralbibliothek, Photo Zentralbibliothek Zürich.

Bild auf dem vorderen Buchdeckel: aus URANO METRIA von Loannis Bayeri, Augsburg 1603; Innsbruck, Universitätsbibliothek.